(Par le marquis de La Gervaisais.)

(Par le marquis de La Gervaisais.)

LA VÉRITÉ POLITIQUE.

DE LA CHAMBRE INAMOVIBLE.

> Après avoir examiné et balancé tous les inconvéniens, peut-être trouvera-t-on que de faire nommer par le roi, les sénateurs seulement à vie, *sur la présentation des provinces*, serait encore le moyen le plus propre à concilier tous les intérêts.
> (*Rapport du comité de constitution en* 1789, *par M.* de Lally. *Constitutionnel*, 27 août.)

PARIS,

A. PIHAN DELAFOREST,

IMPRIMEUR DE LA COUR DE CASSATION,

rue des Noyers, n° 37.

1831.

« On ne veut pas entendre ce que c'est que le système constitutionnel ; et quels sont ses avantages, quels sont ses inconvéniens.

« On ne veut pas concevoir qu'un instrument détourné vers des fins étrangères, se fausse et perd toute sa force.

« On ne veut pas reconnaître que l'usage déréglé se transforme en abus, et que l'abus ne permet plus l'usage le mieux réglé.

« La perte de l'État doit s'ensuivre.

« Après la dissolution de l'ordre social, pour organiser ses élémens dispersés et leur souffler l'esprit de vie, l'institution de la charte fut nécessaire.

« Au sein d'une population éparse, ignare, frivole, à travers le tourbillon des défiances et des prétentions, l'établissement de la charte était difficile.

« Par l'effet de la prostitution des principes, de l'aberration des idées, de la perturbation des actes, l'affermissement de la charte devient impossible.

« Et ce qui est, venant à périr, ce qui était, ne devant plus renaître, rien ne reste. » (*La Pairie* : 1827.)

Nulle parole ne porta un sens plus juste.

Nulle parole n'annonça aussi nettement l'avenir.

On voit ce qui a été dit : on voit ce qui s'est fait.

Et les temps qui varient dans la forme, se ressemblent au fond ;

Or, écoutez, si vous voulez ; entendez, si vous pouvez.

Soit que la cause en vienne de ce que les journaux ont trop ou trop peu d'esprit, le même effet s'ensuit, qu'ils ne font nul cas, nul état de l'esprit des brochures, si tant est qu'il y en a.

Malheur au pamphlet où percerait quelque pointe de raison ! D'autant moins il en sera fait mention, de peur qu'un œil avisé ne l'y saisisse.

Malheur à la raison qui se rencontrerait en quelque passage de pamphlet ! Bien loin d'être mise au jour, d'être mise en œuvre, elle y restera ensevelie dans les ténèbres.

C'est pis encore, si un sort veut que l'écrivain soit indépendant, soit désintéressé.

Que veut-il donc ? qu'entend-il donc ? En ce bas monde, il n'y a que tel et tel parti ; se faisant la guerre par toute voie loyale ou non, ayant le droit pour soi, suivant que la force est à lui ;

Qui n'est d'aucun parti, n'est plus de ce monde, n'est plus de rien : à lui, l'avenir peut-être ; à d'autres, le présent sans faute.

Même ce qui complaît, ce qui convient le mieux, est repoussé, à titre de provenance étrangère.

Nulle preuve n'en fut plus sensible.

L'opposition ne veut pas de l'hérédité de la pairie. Et l'hérédité de la pairie ne serait pas une question, si l'arrêt était impartial.

(4)

Et l'arrêt sera impartial, alors que les parties ne se feront pas juges ; alors que les députés n'institueront pas la pairie, à l'effet d'être installés pairs.

Et si les députés ne sentent pas quel est leur devoir, c'est un devoir de le leur faire sentir.

De plus, c'est le besoin de la patrie, c'est l'intérêt de la pairie.

Car autrement, la critique serait fournie d'armes triomphantes ; autrement l'opinion s'agiterait bientôt, se révolterait bientôt.

Rien ne tiendrait, tout périrait.

Autant parce que le mode de confection de la loi sur la pairie inspirerait la défiance, la répugnance, qu'en ce que la sorte des nominations exciterait la haine et l'envie, le scandale et le ridicule.

Cela même a été dit et bien dit, tant qu'un autre n'aura pas dit mieux.

Quel dommage ! il fallait se taire ; il fallait attendre que la même idée vînt à quelque journal.

Voilà qu'elle est entachée d'origine, et souillée par l'alliance. Il y aurait honte à en faire usage.

Toutefois, au risque de s'exposer à la risée, la vérité va être encore rétablie.

« A l'égard de la pairie, l'engagement aurait dû être relatif à la personne, et non à la chose.

« Le candidat commet un sacrilège, en aliénant son droit de coopérer aux lois.

« Il consent seulement à un sacrifice, en délaissant son espoir de participer aux faveurs.

« C'est de lui-même que devait venir l'engagement de ne pas accepter la pairie avant sa réélection :

« Soit que la voix de l'honneur lui dictât d'écarter toute chance de suspicion, soit que l'instinct de la conscience lui soufflât d'éloigner tout risque de tentation.

« Mais comment les collèges n'ont-ils pas tenu à prescrire le sacrifice, et ne se sont-ils pas abstenus d'exiger le sacrilège.

« C'est que les meneurs, trop bien venus, ne songeaient qu'à détruire l'hérédité, ou plutôt à renverser le ministère.

« C'est que des aides puissantes se sont offertes dans cette envie dont est tourmenté, dans cette vanité dont est possédé le Français.

« C'est qu'en outre, après la crise récente, à travers les troubles et les craintes, une puissance occulte pousse à blâmer tout, à se défier de tout.

« Entre cette alternative, vive l'hérédité ou à bas l'hérédité ! nul n'hésitait. »

. . . .

« De là l'engagement loyal n'a pas eu lieu, et l'engagement illégal a pris sa place.

« Il n'importe, au reste.

« Voilà que nulle promesse valide n'a été donnée, et que la chambre s'assemble, et que la discussion s'ouvre sur la pairie.

« Quel est le premier sentiment à jaillir de tous

les bancs, le premier mouvement à courir de banc en banc ?

« On ne se rend pas juge en sa propre cause ; on n'use pas du pouvoir à son profit ; on fait la loi à tous et pour tous.

« L'assemblée constituante a poussé le scrupule jusqu'à cet excès fatal de prohiber l'élection de ses membres.

« Or, en fait de générosité, de magnanimité, 1831 ne restera pas tellement en arrière de 1791.

« Il y aura unanimité, ici par loyauté, là par honte ou par crainte, ailleurs par indifférence.

« D'emblée, la chambre va décréter qu'aucun de ses membres ne pourra être promu à la pairie qu'un an après la dissolution.

« A défaut, le prince n'élirait plus, n'opérerait plus un choix.

« Tels et tels députés se nommeraient eux-mêmes, faisant la loi à l'opinion de leurs collègues, puis à la volonté du prince.

« Et bientôt la lumière percerait, la foudre éclaterait : un 7 août se referait.

« Que le pouvoir, quel qu'il soit, l'apprenne enfin !

« Altérer l'ordre, violer la règle, c'est son habitude ; et c'est sa nature, de s'user par l'emploi, de s'éteindre sous la main.

« D'autres gens s'en saisissent qui, altérant et violant de même, vengent outre mesure l'ordre et la règle.

« Ainsi la création de pairs en 1827 et l'élimi-
nation de pairs en 1830, sont deux scènes d'un
seul acte.

« Ainsi la censure enfanta la licence ; et le li-
cenciement portait la révolution.» (*Des mots vides de sens*, 1831.)

Il s'agit de la pairie, question de haute importance, bien qu'elle dépende seulement de la vérité politique.

La vérité politique ne se rapporte qu'aux formes organiques de la société ; au lieu que le principe de vie ressort de la vérité diplomatique, de
la vérité sociale.

Car la société est également exposée à cesser
d'être, par les suites de la guerre, par les effets
de l'anarchie.

Aussi la vérité politique n'est à considérer avec
tant de scrupule, qu'en ce que l'erreur relative
entraîne à des erreurs consécutives.

Ici et partout à bien dire, quelle triste chose !

Sage par instinct, la mouche éphémère joue et
jouit, et se laisse mourir.

Au contraire, fou par raison, ce semble,
l'homme, éphémère aussi de nature, et de plus
éphémère de volonté, à tout instant, se prend
d'une rage d'éternité.

Lui est-il laissé un jour à respirer ? Rien ne

l'apprend. Il se donne des siècles à régir ; cela console.

Encore, à titre de père de famille, l'hérédité en souffle l'idée, en donne le droit et le moyen.

Mais en tant qu'individu, l'ambition, qui s'enfle en raison de cette alonge imaginaire d'existence, compromet d'autant plus le repos des Etats.

Mais en tant qu'être social, les conceptions qui s'extravasent en même proportion, perdent la société ; à peu de jours de date, en prétendant la garantir à quelque échéance lointaine.

Ainsi la septennalité devait calmer les factions, rallier les opinions, consolider la monarchie à jamais. (M. de Chateaubriand : *Débats*, 22 novembre 1823.)

Quatre ans se passent, et la chambre de 1827 vient ébranler, affronter, renverser le trône.

Ainsi la loi du droit d'aînesse, sauf pourtant que les parens n'osassent s'y soustraire, devait avant un ou deux siècles, procréer une aristocratie tutélaire.

Un pareil temps s'écoule, et l'aristocratie existante, était indispensable de la dynastie, disait-on, est rompue, est abattue, l'entraînant dans sa chute.

Ainsi la fonte soudaine de quatre-vingts pairs devait permettre de réorganiser le système des provinces, de ressusciter le suffrage universel et les États-généraux. (*Gazette de France*, 1830, 1831, etc., etc.)

Du même trait de plume, les collèges sont réunis, et ils vont, en réponse au défi, renvoyer autant de députés hostiles.

Faut-il remonter plus haut, et retracer les avortemens successifs du conseil des anciens, du sénat impérial, et, comme il est trop clair, de la pairie royale ?

Institutions à jamais protectrices, conservatrices, selon l'idée commune : que quelques années ont vu poindre, briller et s'éteindre.

Faut-il se reporter plus loin, et rappeler qu'en Amérique et en Belgique pour la totalité, qu'en Angleterre et en Allemagne pour une partie, les sénateurs faisant office de pairs sont élus et même à temps ?

Combinaisons évidemment obligées, alors que la chambre est à former par décret, à tirer du néant, à fonder dans le chaos.

Or jamais les présages ne furent moins propices :

Alors que la société vit au jour le jour, essayant en vain de se rattacher à la veille, à peine espérant d'atteindre au lendemain ;

Alors que la société, brisée et broyée sous la roue révolutionnaire, ne présente plus qu'un amas de fragmens, de taille informe et de poids analogue.

A l'effet de fonder l'édifice grandiose, on aurait justement pour intervalle le cours d'un soleil à l'autre, et pour matériaux une poussière impalpable.

Et notez qu'en travaillant ainsi en vue, en regard de l'éternité, on encourrait d'autant plus la chance périlleuse de bouleverser le sol tremblant du présent.

De là, ceci est à dire au préalable.

En fait de la pairie, il y a beaucoup de peines à prendre, peu de profits à retirer.

Comme aussi le champ d'exploration est indéfini, et les limites de démarcation sont équivoques.

Que le cabinet se résigne donc à laisser aller l'imagination, suivant son caprice, à la laisser vaguer et extravaguer, à quoi elle ne manque jamais.

S'il ne lui est pas donné d'intervenir dans ses rêves, qu'il apprenne à se soumettre, qu'il évite de se révolter, surtout qu'il ne se retire pas.

L'éternité, vers laquelle sont tournés les plus vains efforts, sera consommée sous peu, et cédera la place à quelque autre éternité de même sorte.

Au lieu que l'instant même, que cet instant qui verrait succéder au cabinet actuel un nouveau cabinet, peut-être ouvrirait un cours illimité de catastrophes.

En présence, en balance, se rencontre une éternité illusoire vis-à-vis des temps trop réels.

Que ce soit une pairie héréditaire ou viagère, un sénat monarchique ou populaire, cela fera du bruit, de l'éclat, déja prêts à s'évanouir.

Qu'il y ait tels ou tels autres ministres, et quoi qu'ils veuillent, quoi qu'ils disent ou fassent, le feu prend aussitôt, court de lieu en lieu, ne laisse qu'un monde de cendres.

Telle est l'alternative.

Or ces paroles viennent d'une bouche qui, jamais aux temps passés et moins que jamais aux temps présens, ne donna passage ni à l'éloge adulateur, ni à l'intrigante prière.

« Les titres, les formes, les règles, tout cela n'est rien devant la force du fait. La charte a beau dire, la chambre des députés des départemens (ainsi qu'elle y est désignée), encore timide et quelque peu pudique, doit laisser tomber le masque sur lequel est gravé ce nom, aussitôt qu'il y aura lieu.

« La vérité gît en un seul mot.

« Toutes les fois que, dans la généralité de la nation, soit au sein du peuple, soit entre des classes d'élite, il y a convocation de citoyens, nomination de mandataires, délégation de pouvoirs ; c'est au moins une image de la représentation nationale, c'est presque un corollaire de la souveraineté du peuple.

« Le germe a reçu le souffle de vie ; au premier rayon de chaleur, il brisera ses enveloppes, il apparaîtra à la lumière. On verra cette chambre, émanée des collèges, excitée par les collèges, appuyée sur les collèges, s'ériger en une assemblée souveraine, en une convention renouvelée.

« Alors se réalisera la prophétie de l'illustre rapporteur de la chambre des députés de 1820 :

« La chambre, que l'on ne pourrait dissoudre, « exercerait elle-même le pouvoir de dissoudre « la monarchie. » (*Des Concessions*, mars 1828.)

Etait-ce donc prophétique ?

Comme en exécution de ces paroles, bientôt sont survenues les deux fameuses journées, le 16 mars, le 7 août ; l'une passionnément entreprise, l'autre passivement accomplie ; celle-là déterminant le principe, celle-ci développant les conséquences.

Et l'avenir n'est pas rendu au terme ; le temps est gros encore, menaçant de l'enfantement le plus périlleux.

Aussitôt qu'il déchire les voiles, qu'il s'affiche avec éclat, le dogme de la souveraineté voit fuir devant lui et se perdre dans l'espace, tous les principes de légalité et de liberté, même de moralité et de loyauté.

En lui réside la seule, la toute puissance.

Mais que sert-il donc d'ouvrir le débat, sur la question de savoir si les destinées de la pairie seront réglées par la chambre élective ou par les pouvoirs institués ?

La chose est trop claire : cette chambre, que pousse en avant ou qui traîne derrière elle, ce

qu'on appelle l'opinion nationale, n'a qu'un mot
à dire.

Sur l'heure, ainsi que pour les résolutions pri-
ses le 7 août au palais Bourbon, le Luxembourg
opinera du bonnet, et ratifiera sans réserve ;

Tout au plus déclinant sa coopération au sujet
de la refonte de la pairie, comme il l'a déclinée à
l'égard de la réforme de certains pairs.

Disons mieux : au moins, quant à l'hérédité,
point essentiel et capital, ni la chambre seule, ni
les trois pouvoirs n'ont plus à se résoudre.

Avant qu'on échange des paroles, qu'on entame
le scrutin, les votes sont fixés ; il manque seulement aux boules d'être jetées les unes sur les autres au fond de l'urne.

L'initiative, acquise de droit à la chambre, a
été conquise de fait par la presse ; et, comme cela
se conçoit, la résolution, soumise au jugement
de la voix publique, a été prise par acclamation,
sans opposition.

Ainsi la chambre, jusqu'alors omnipotente, n'a
plus à imposer la loi, n'a pas même à examiner le
cas.

On ne peut le nier, une telle méthode porte
de graves inconvéniens ; d'une part en ce que le
peuple souverain et la chambre mandataire sont
éliminés du champ des débats ;

D'autre part, en ce que tout le monde est en
pouvoir de décider, de prononcer ; et qu'ainsi
personne n'a le moyen de méditer, de discuter.

C'est par une sorte de cri inarticulé, que sont décrétées les destinées de la patrie.

Hier la dynastie, aujourd'hui la pairie n'ont plus qu'à subir l'arrêt du sort : lequel s'est vu proclamé, tantôt aux accents redoublés de vive la charte, tantôt par l'écho répercuté d'à bas la pairie.

Et tout est consommé!

Tant il est vrai qu'en tel état de choses, qu'à telle époque du temps, comme à la façon des miasmes contagieux dans l'ordre physique, il se manifeste des affections épidémiques, de sorte intellectuelle.

Comment s'en garantir? l'air en est imbu, imprégné : l'air les inocule, les propage.

Quiconque respire l'air, respire aussi le venin.

Voilà donc que l'hérédité de la pairie est battue en brèche de toutes parts, et s'écroule au ras du sol.

Seulement on ne sait trop ce qu'en pense la nation *in pleno*, si toutefois elle pense vraiment; attendu que sa pensée ne s'en est pas occupée, et n'a pas été consultée.

Qu'importe au reste?

Votre hérédité agirait en une façon propice, à vingt ou trente ans de date peut-être : et d'ici là, combien de révolutions en tous les sens, vous menacent?

Votre hérédité serait installée par décret : et c'est en face de cette instinctive aversion, de cette

hydrophobie mentale, qui repousse toute distinc-
tion, toute démarcation.

Votre hérédité entrerait aussitôt en lutte : et
c'est contre une assemblée, renvoyée de temps à
autre au jugement de l'opinion, revenue de l'é-
preuve, vive et forte de puissance.

Certes, une telle condition ne tendrait qu'à ac-
cumuler les obstacles, qu'à atténuer les forces,
qu'à précipiter la ruine.

Qu'on fasse la pairie héréditaire de droit : de
fait, la pairie ne sera pas même viagère.

Enfin, il faut entendre ceci.

Depuis le formidable fait de juillet, tout autre
fait est minime, et n'étonne, ni n'effraie, ni n'af-
flige.

Comme le droit ancien a été détrôné, comme
le droit nouveau n'est point consacré, le fait règne
seul, régit tout.

« Toutes les objections contre l'hérédité de la pairie sont des objections de fait, et non des objections de principe....

« On sent tout le danger que court la liberté remise à la garde des passions de la démocratie.

« Mais, dit-on, le préjugé public est trop fort; il n'y a pas d'aristocratie en France, et la créer est impossible...

« L'objection est forte : mais qu'y a-t-il donc en France qui ne doive son origine à une délibération publique ?

« La royauté ? l'année dernière, au 1er août, où était-elle ?

« La chambre des députés! chaque loi d'élection est pour elle une crise vitale.

« La souveraineté même du peuple ! que de fois elle a été votée, abrogée, votée de nouveau...

« Pourquoi donc, comme nous avons choisi un roi héréditaire, ne pourrions-nous pas choisir la pairie, et la déclarer héréditaire...

« Vous voulez une seconde chambre? vous avez raison. C'est le frein nécessaire de la chambre élective, c'est l'appui indispensable du trône; c'est le fondement sur lequel il faut asseoir vos libertés, sous peine de les voir périr dans les orages démocratiques. Mais la condition unique de l'existence de cette seconde chambre, c'est l'hérédité. Sans l'hérédité, elle n'aura aucune des qualités que vous lui voulez ; sans l'hérédité, vous chercherez en vain à lui donner indépendance et dignité ; sans l'hérédité, vous ne faites qu'un ridicule fantôme de chambre des pairs, une section de la chambre élective, ou un sénat impuissant. Ne voyez-vous pas que vos institutions tremblent au moindre souffle ? c'est qu'elles n'ont pas de base un peu solide.

« Créez une aristocratie telle que nos temps modernes la comportent ; une aristocratie politique, qui vous serve de rempart contre la mobilité des passions populaires ou les efforts corrupteurs du despotisme ! » (*Débats*, 25 août.)

Ainsi le seul champion de l'hérédité qui soit resté dans la lice, s'escrime de droite et de gauche, fait face de toute part.

Et rien de plus noble, si c'est qu'il répugne à battre en retraite ; rien de moins sage, si c'est qu'il aspire à remporter la victoire.

Les *Débats* n'ont pas apprécié ces deux considérations capitales :

D'abord, qu'au siècle où nous sommes, les argumens sont sans poids, sans effet, soit qu'une raison subalterne se trouve impuissante, soit qu'une raison supérieure se tienne en défiance :

Celle-là qui n'entend pas les mots dans leur

acception patente ; celle-ci qui sous-entend dans les mots, quelque intention occulte.

De nos temps, il est encore parlé des choses, mais il n'est traité que des hommes ; la question de choses n'est avancée que pour couvrir la question d'hommes.

D'où la logique et l'éloquence, bien loin de venir à l'appui de la thèse soutenue, viennent en preuve de la pensée intéressée.

Ensuite, si le talent ou le renom est éminent, c'est un point obligatoire que les raisonnemens ne prêtent point à la critique.

Qu'un mince avocat se trompe, il n'importe en rien ; tout autre, en lui succédant, va reprendre la droite voie.

Si l'avocat célèbre vient à s'égarer, comme nul ne peut mieux, la cause est jugée mauvaise.

De-là, en examinant les articles des *Débats*, au cas qu'il y ait erreur, l'arrêt fatal est prononcé.

« Il n'y a que des objections de fait, et non des objections de principe. »

Mais les premières sont bien autrement victorieuses ; généralement, parce que le principe dérive du fait, plutôt que le fait ne ressort du principe :

Momentanément, puisque la révolution à mis à néant tous les principes anciens, et menace d'enfanter une longue suite de faits nouveaux.

« On sent tout le danger que court la liberté remise à la garde des passions de la démocratie. »

Mais il n'y a lutte, il n'y a chance qu'entre passions et passions.

Et certes, les passions de l'aristocratie ne sont pas bastantes avec les passions de la démocratie.

« Le préjugé public est trop fort, dit-on ; il n'y a pas d'aristocratie en France, et la créer est impossible. »

Vraiment, il n'y a pas d'aristocratie en France ; vraiment le préjugé public ardent à l'étouffer, à l'écraser en son enfance, n'empêche pas qu'elle naisse, mais empêche qu'elle vive.

Attendez toutefois : le temps accourt où une aristocratie jaillira vive et forte, sous l'égide de la force militaire, pour peu que chacun se joue ainsi du sort de tous.

« Qu'y a-t-il donc en France qui ne provienne d'une délibération publique ? la royauté ! au premier août où était-elle ? la souveraineté ! que de fois elle a été votée, abrogée, votée de nouveau ! »

Or qu'est-ce que cela dit, sinon que toutes ces choses, comme elles sont nées d'hier, dès demain n'ont plus à vivre peut-être.

« Pourquoi, comme nous avons choisi un roi héréditaire, ne pourrions-nous pas choisir la pairie, et la déclarer héréditaire ? »

Un roi choisi ! le plus prochain héritier du trône ! le plus riche habitant du royaume ! avait-il donc un seul pair en France ? a-t-il été choisi entre deux êtres seulement ?

Une pairie choisie ! tous égaux, beaucoup puissans ou opulens, autant d'intrigans que peu de méritans ! en retour, il y a trop de marge.

Un roi héréditaire ! cela est décrété au préalable ; cela sera-t-il accompli en temps ! qu'on tire les cartes ?

Un roi héréditaire ! n'était-ce pas chose indispensable, inévitable, sauf à laisser se dissoudre la société.

D'instinct et d'exemple, par habitude et par préjugé, mobiles bien plus forts que le raisonnement, il fallait un roi.

Une pairie héréditaire ! quel est celui de ces motifs qui l'appelle et l'implore ? La raison seule travaille à résoudre le problème : Faut-il une pairie ?

Passons à la péroraison.

« Une seconde chambre ! c'est le frein, c'est l'appui, c'est le fondement, etc., etc. »

D'accord sur ce point, à la charge néanmoins que le frein ne soit pas casuel, que l'appui se tienne droit et ferme, que le fondement s'avance dans les entrailles du sol.

« La condition unique de son existence, c'est l'hérédité. »

En ce lieu, plus d'accord : le principe de vie semble un principe de mort.

Nul pouvoir n'est fort que de l'ascendant : et l'hérédité, qui ne donne aucune puissance matérielle, enlève d'emblée toute influence morale.

(21)

« Sans l'hérédité, aucune des qualités que vous voulez ; sans l'hérédité, point d'indépendance et de dignité ; sans l'hérédité, rien qu'un ridicule fantôme, qu'un sénat impuissant. »

C'est justement où gît la question.

« Vos institutions tremblent au moindre souffle : elles n'ont pas de base un peu solide ; il n'y a pas de rempart contre les passions populaires.

« Créez une aristocratie, une aristocratie politique. »

Le vice est là : où est le remède ?

Il y a un vice ; y a-t-il un remède ?

Les *Débats* voient l'un et l'autre du même coup d'œil ; les *Débats* voient-ils ce qui leur plaît ou ce qui nous convient ?

« Aujourd'hui, nous allons paisiblement discuter les conditions essentielles de la pairie, la créer en quelque sorte ; et demain, cette pairie, l'œuvre de nos mains, exigera nos respects, jugera les crimes d'État, fera des lois ! Il faudra peut-être que bien des jours se soient écoulés avant que la marque de la main de l'ouvrier se soit effacée, et que nous consentions à regarder comme indépendant, un pouvoir dont l'existence aura si fort dépendu de notre bon plaisir ! qu'on ne prenne pas ceci en mauvaise part. Mais, en vérité, nous faisons la plus grande épreuve à laquelle jamais un peuple se soit soumis ; c'est à savoir, si la raison humaine, à elle toute seule, sans préjugés, sans croyances, sans illusions ; cette raison essentiellement critique et défiante, peut suffire à constituer et gouverner le monde ! Il n'y aura pas un de ces pouvoirs, quand il demandera obéissance, auquel nous ne puissions répondre : *qui vous a fait Roi?* » (*Débats*, 20 août.)

Qui ne croirait que ces étranges paroles sont destinées, à ranimer les espoirs du fidèle persévérant, du croyant déterminé, qui voit s'élancer du sein de toute crise, le sceptre de paix et de joie, qui voit pour la troisième fois en vingt années, le trône relevé par les mains qui l'abattirent ;

Ou encore à aggraver les craintes du morne raisonneur, du morose observateur, qui ne voit en ce siècle que des chances de plus en plus funestes, qui n'aspire qu'au *statu quo* et n'ose se reposer sur sa foi.

Comme si, d'après la loi de la métempsychose, les *Débats* étaient condamnés à se rendre l'organe des feuilles les plus hostiles naguère.

Qu'on lise encore, qu'on juge enfin.

« Cette chambre est neuve et veut innover en tout......l'appui de ces nouveaux députés est capricieux....... ils approuvent d'un ton grondeur...... La chambre paraît difficile et rétive...... la chambre fait son éducation : elle s'est beaucoup amendée......

« La chambre est de l'avis du ministre : mais

elle voudrait le maîtriser......... elle a la petite prétention de vouloir conduire le ministère..... on voudrait bien mener le ministre, avoir la haute main sur lui...... on voudrait bien plier son énergique volonté ; on serait flatté de le dompter. » (*Débats*, 19 août).

N'est-ce pas la voix de la Gazette et de la Quotidienne, du Drapeau-Blanc et de l'Universel, en 1830, qui éclate et résonne entre les colonnes des *Débats*, en 1831.

Il n'en fut pas dit plus ; il n'était pas parlé autrement. Ces journaux avaient raison, si les *Débats* l'ont ; ceux-ci ont tort, si ceux-là l'avaient.

Et pourtant, ce sont ces insultes sous forme de dédain, ces reproches sous forme de soupçon, qui ont amené la fatale crise, qui vont ramener une autre catastrophe.

Voyez plutôt à quoi tient l'ordre actuel.

« L'œuvre de nos mains exigeant les respects... un pouvoir indépendant qui n'existe que par notre bon plaisir...... la raison à elle toute seule, constituant et gouvernant le monde...... pas un des pouvoirs, auquel on ne puisse dire : *Qui vous a fait Roi ?* »

Ainsi la plume impie se délecte et se glorifie, répétant, en face du pays, comme à l'imitation de Satan :

« Nous nous vantons d'avoir tout détruit ; nous vous défions de rien reconstruire. »

Or telle est l'espèce dite humaine, que le vice a

été rendu dans toute sa vérité, tant les espoirs étaient contrariés, et que le remède n'a pas été rencontré ni recherché, parce qu'il ne devait pas favoriser les desseins.

Qui vous a fait Roi? est-il dit d'un ton mi-solennel, mi-trivial.

La sentence s'adresse, non sans cause licite, au prince jailli des profondeurs de l'urne, désigné par la majorité des boules.

Et l'anathème contingent qu'elle porte, ce semble, prend d'autant plus de gravité, alors que le jugement du pays vient d'éliminer de la chambre, la moitié des votans affirmatifs.

En tout cas, il s'ensuit que l'être, auquel on peut répondre à tout propos la plus insolente vérité, ayant été fait roi, ne s'étant pas fait roi, n'a nullement à faire le roi et vainement tenterait de le faire.

Bien entendu, car les généralités sont fausses de leur nature, et pour devenir vraies, doivent tourner en spécialités, que cela s'applique surtout, à l'exercice de la plus transcendante prérogative de la couronne.

Voilà donc que le problême de la nomination des pairs est résolue d'un mot.

Que ne dirait-on pas de *cette pairie, l'œuvre de notre façon, où de long-temps, la marque de la main de l'ouvrier ne serait effacée.*

De cette pairie, qui porterait en outre de la

marque du fabricant, l'empreinte de seconde main du débitant.

Que ne dirait-on pas de ceux qui ont été faits pairs, *par celui qui a été fait roi?*

« La question de la pairie se complique encore de la façon la plus singulière et la plus fâcheuse. Le préjugé public a prononcé, cela est incontestable. A-t-il raison ? Peut-être. Mais ce qu'il y a de sûr, c'est qu'il s'est déterminé par les raisons du monde les plus mauvaises, c'est-à-dire par une raison de circonstance, et par une raison de philosophie vulgaire ; quand il s'agit d'une institution toute politique, et que des raisons politiques seules peuvent défendre ou combattre.» (*Débats*, 20 août.)

Certes la raison confirme ces paroles ; et même le raisonnement serait disposé à s'étendre plus loin, à s'élever plus haut.

Car n'est-ce pas le préjugé public, ou plutôt le préjugé partiel et local, qui a prononcé en juillet 1830.

Car ne sait-on pas, qu'il s'est déterminé sinon par les raisons les plus mauvaises du monde, au moins par une raison de circonstance, à l'égard d'une institution des siècles ; et par une raison de logique vulgaire, plutôt que par des raisons politiques.

Néanmoins quels que soient les regrets ou les

rémords, c'en est fait de l'antique dynastie, sauf que le doigt d'en haut n'intervienne.

De même, mille et mille fois *à fortiori*, c'en est fait de la jeune pairie, au moins sur le point de l'hérédité.

Il n'y aura que des pairs viagers; comme il n'y a qu'une royauté, non pas élective en principe, mais du moins élue dans l'origine.

Autrement, quelle anomalie ! quelle cacophonie !

La couronne de mille années s'est montrée impuissante à transmettre aux pairs investis de l'hérédité, le principe de vie, puisqu'ils ont cessé d'être :

Et la couronne d'une année se trouverait habile à désigner les membres de la pairie viagère, de sorte à ce qu'elle agisse, à ce qu'elle dure.

Il était prohibé à la royauté innée, de créer des pairs à vie; attendu que l'institution ainsi faussée, tombait sous la main des ministres.

Et il serait conféré à la royauté constituée, d'enfanter des pairs semblables : lesquels ne peuvent manquer aussi de se tenir aux ordres du cabinet !

Pour faire ressortir une telle absurdité, il suffit peut-être de rappeler la discussion relative à l'invention des pairs viagers.

« Tandis que le monarque règne assez, ce lui semble, parce qu'il règne à jamais ; le ministère est voué à régner trop fort, trop vite, toujours incertain et inquiet du terme de son pacte.

« La dure et sèche allure, le désordre des mouvemens de la part de l'un, troublent la marche réglée et modérée de l'autre, creuse sur ses voies jusque-là unies et coulantes, de mauvais pas à franchir.

« Or, suivant les conditions de son organisation, la pairie se rapproche des caractères propres au monarque ou au ministère, et se présente comme une sauve-garde des droits du trône ou comme un instrument des complots du cabinet.

« Une constitution analogue à celle de la royauté, inaltérable, immuable, la dirige dans le même sens et l'attache à ses destinées. Une constitution semblable à celle du ministère, variable et vacillante, lui imprime la même allure, la soumet à son service.

« Et enchaînée par le ministère, la pairie peut encore frapper les peuples, des fers dont elle est chargée ; mais non pas se dégager du poids de l'opprobre et reprendre de l'ascendant sur les peuples. Esclave, elle couvre pour l'instant le ministère, en laissant le trône sans défense contre les assauts ; tandis qu'indépendante, elle aurait couvert le trône à jamais, en livrant le ministère à la merci des lois. »

. . . .

« De même, s'il existait des pairs viagers, ne

parlons plus des pairs, de la pairie. Sauf dans cette langue de convention dont il est fait un si fatale usage, les pairs à vie ne sont point des pairs; il y a incompatibilité entre les caractères respectifs, ceux-ci devant être indépendans, et ceux-là ne pouvant être que dépendans.

« Les pairs à vie meurent, ainsi que l'indique le mot même; et leur race s'éclipse, s'éteint avec eux.

« Mais, connaissez-vous l'instinct de nature, l'instinct de race, l'instinct d'âge, l'instinct de mort, si l'on peut parler ainsi; car plus que la nature et la race et l'âge, c'est l'idée toujours présente de la mort qui ramène et fixe l'ame avide d'existence, sur les générations sur-vivancières.

« L'indicible, l'ineffable charme de la paternité, qui souvent excite au crime, qui du moins émousse la vertu, met les pairs à vie, aux pieds, sous les pieds de ce pouvoir ministériel dont la faveur ou la défaveur doit régler les destins les plus chers.

« En place de pairs de France, de membres de la chambre haute, de conseillers de la couronne, vous n'avez plus que des valets du ministère.

. . . .

« Les pairs à vie seront pris à l'âge, ou plutôt hors d'âge, attendu qu'à un certain point, le voile sacré des années couvre la nullité des droits et simule l'apparence des vertus; attendu qu'au déclin de l'existence, la force se retire du caractère ainsi que de l'esprit, et ne laisse plus battre le cœur, que pour ses enfans.

« La mort travaille leurs rangs, les décimant dès la première année, et avec l'aide propice du temps, y portant de plus en plus le ravage : si bien que nul ministre, fameux ou non, ne craindra de créer une immensité de nouveaux titres, se confiant dans la magie de ce mode d'amortissement.

« Cependant, pour acquérir le titre de pair, ainsi déchu de sa valeur relative, à proportion de l'extension du nombre, et de sa valeur absolue, en raison de la réduction du temps, combien de prétentions vont s'élever? Combien d'intrigues et de brigues vont se croiser.

« Il n'est si mince, si mesquine existence, pour peu qu'elle ait franchi le seuil de la députation, ou qu'elle se soit assise aux fauteuils de l'administration, dont les criailleries, les piailleries, car c'est le langage de l'espèce, ne viennent assaillir, abasourdir le ministère.

« S'il résiste à tous, c'en est fait de lui ; s'il cède aux uns, il faudra céder aux autres ; et c'en est encore fait de lui. » (*Des Pairs viagers*, août 1827.)

Faire une fin : se faire de la force.

Tel a été le premier mot, aussitôt qu'il y eut moyen : tel sera le dernier mot, tant qu'il y aura lieu.

Chacun désire de même : et nul ne conçoit comment.

Où marquer la fin ? où prendre la force ? Sur ces deux points, on ne s'entend ni en soi-même, ni avec les autres.

Eh bien, la force s'imagine à fantaisie, et ne s'invente point à volonté.

Il faut la prendre où elle se trouve, sauf à la diriger, à la détourner après s'en être saisi.

« La foi est éteinte : la loi est morte. A peine l'honneur survit.

« Rien ne reste que la force : c'est à la force qu'il faut demander secours contre la force.

« La force est invincible, et n'est point une, n'est point unie.

« Il y a à concéder, à condescendre, ici ou là : afin que la masse ébranlée, divisée, présente moins d'ennemis, promette plus d'auxiliaires. » (*Les Necessités de l'époque*, 1850.)

Ainsi la fin est marquée, en même temps que la force est prise : et la force soutient vers la fin.

De plus, la volonté qui n'invente pas la force, impose la fin à un certain point.

Même, il importe peu que la fin se tienne sur la ligne du juste : il suffit qu'elle s'arrête aux limites du possible.

La volonté fait la puissance : et seulement, la puissance ne se fait pas, au-delà de la possibilité.

Sous une telle condition, nul encore n'a fait l'épreuve de la volonté pure et simple.

Laquelle marche d'un pas ferme et constant, non sans adoucir par l'adroite et flatteuse parole, la hardiesse, la rigidité des actes.

C'est en ces termes que le conseil en avait été donné.

« Une révolution détruit les conditions présentes, et porte les futures conditions de la société.

« On doit les accepter, les accomplir, afin de garantir la société, contre l'avènement d'une phase subversive :

« On ne peut en chercher, en rencontrer ailleurs ; à moins de libérer la société au moyen d'une crise inverse.

« De plus, la société ne sortira de l'état de révolution, qu'après l'achèvement de l'opération.

« Jusqu'alors, toutes les têtes sont en travail, toutes les existences en suspens, toutes les fortunes en danger.

« Qu'on examine donc ! Qu'on détermine d'un coup d'œil pris de haut, ce qui est convenable à faire.

« Et qu'on agisse à l'instant même : ensuite qu'on se repose à demeure.

« Là, est le point d'arrêt.

« Là, il faut se fixer, se tenir ; il faut combattre et périr, plutôt que de céder en rien.

« Un pas de plus, un pas de trop, jette sur la voie fatale, pousse à l'abîme extrême.

. . . .

« Il n'existe que la forme, que l'ombre d'un trône : tout prestige s'est évanoui ; ni le sentiment, ni le dévouement ne renaissent de la tombe.

« La force morale n'est plus : la force judiciaire et la force militaire ne sont rien.

« La force rationnelle reste seule ; et cette force réside dans l'opinion.

« Obéit qui veut : en dernière analyse, telle est l'expression de la société actuelle.

« L'opinion formée commande l'autorité : c'est à l'autorité de former l'opinion.

« Immédiatement, elle s'y trouve inepte : indirectement, qu'elle se montre donc habile ?

« Son métier est de mettre en présence, en lutte, l'opinion avec l'opinion.

« Il faut la décentraliser, et multiplier ses foyers, éparpiller ses échos.

« Au lieu qu'une voix unique éclate et tonne, mille et mille voix se couvrent, se confondent. »

. . . .

« Il importe de ne pas agir à rebours de l'état des choses, en contre-sens de la nature des faits.

« Aristocratie, démocratie, ces mots qui indi-quaient les bannières, qui marquaient les limites de deux camps ennemis, sont devenus de vains signes.

« Celle-là ne vient à naître que dans l'acte de la conquête, ou par le laps du temps ; celle-ci ne prend un être, qu'autant que la première commence à faiblir.

« Or, il n'y a point de force à obtenir des fantômes ; il n'y a point de repos à fonder sur des ombres.

« Dans la vérité, la France présente une bourgeoisie active, qui attend d'être éclairée, d'être guidée.

« La France annonce une *ruralité* (si on peut employer ce nom) inerte et débile, qu'il y aurait à animer, à fortifier peu à peu.

« A peine faut-il parler de celle-ci, son organisation n'étant guère possible, qu'au moyen du patronage des châteaux.

« La bourgeoisie seule, est vivante : c'est de son sein qu'est issue la révolution ; c'est par ses soins que la monarchie peut durer. (*La loi des circonstances*, 1830.) »

Qui donc parle encore du royalisme, du légitimisme ? celui-là manquerait à la bonne foi, ou mentirait au sens commun.

Eh ! quoi, pendant vingt jours, pas un bras,

pas une voix, ne se sont élevés, lors du convoi funéraire de la royauté.

Eh quoi, depuis un an, rien n'apparaît, sauf quelques bandes éparses et rares dans la Vendée; sauf quelques rixes accidentelles, entre les catholiques et les protestans (1).

Et notez que là, les mesures de l'ordre militaire sont irritantes, qu'ici, les insultes, les outrages envers le culte, sont révoltans.

La France est un soldat, a-t-il été dit. Quant au parti vainqueur, il faut attendre l'épreuve ; quant au vaincu, la preuve est acquise en sens contraire.

A peine il y a, ou se prendre à la fourbe, ou se laisser prendre pour la sottise et la folie.

S'il est fait tant de bruit, tant d'éclat au sujet du royalisme, cela vient des deux partis effectifs et positifs, auxquels il importe de donner le change : devant manœuvrer à l'abri, à l'aise, tant que l'attention est distraite.

C'est l'oligarchisme qui ne voit dans la san-

---

(1) A travers les insignes mensonges des feuilles extrêmes d'un bord et de l'autre, l'esprit se perd et se trouble. Pour prendre une juste idée de l'état des choses dans l'Ouest, il en coûterait peu d'écouter les rapports du 12ᵉ léger, qui arrive du Morbihan, et du 43ᵉ de ligne, qui vient de quitter la Vendée. Des réfractaires qui se cachent de leur mieux, des voleurs ou bandits qui courent çà et là : voilà les armées dites légitimistes !

glante révolution, qu'une occasion de se saisir du pouvoir, de s'installer au faîte, de se substituer à l'ancienne aristocratie.

C'est le radicalisme, dont les sectaires poussent sans s'en douter, à la dissolution de l'ordre social; dont les chefs travaillent sous la feinte bannière de la liberté, à usurper aussi le pouvoir.

L'un et l'autre crient, à l'envi, contre le royalisme : celui-là, pour apaiser les esprits défians et adoucir les esprits haineux; celui-ci pour augmenter la défiance et la haine contre le premier parti.

De même, au sujet de la pairie, la question n'est embrouillée, ou plutôt la question n'est établie, que par l'effet de la rivalité, de l'inimitié des deux partis.

Le parti olygarchique, absorbé dans ses ambitieuses vues, recherche des moyens et non pas des motifs; si les vrais principes se rencontrent sur sa voie, il ne manque jamais de les exploiter en façon de sophismes.

Ses trames sont percées à jour; ce n'est que pour la forme, qu'il traite la question de choses; au fond, il ne songe qu'à la question d'hommes.

Le parti adverse n'a donc en vue, en face, que les hommes; et dans la fougue de l'attaque, il ébranle, il renverse le système de choses, où ils se sont rattachés.

D'un bord, on s'aperçoit à peine, que le principe de vie de la chambre inamovible, réside dans l'ascendant moral : lequel remplace l'assentiment légal donné à l'autre chambre dans les collèges.

Ou bien, on s'imagine au creux du cerveau, que l'ascendant moral est acquis dès à présent et à jamais, à sa propre personne, à ses amis politiques.

De l'autre bord, on est uniquement préoccupé et non sans les plus justes motifs, d'empêcher tels et tels individus de se faufiler sur les sièges du Luxembourg.

Et on omet d'apprécier l'importance de l'ascendant moral ; d'étudier les moyens propres à l'obtenir, à le consolider.

En tout cas, il n'est possible de répondre à ceci.

« L'envie s'émeut contre toute personne : et c'est un tort, c'est un vice.

« La haine ou le mépris s'élèvent contre certaines gens ; et ce n'est pas une faute, pas même une erreur.

« Nul n'est appelé par l'opinion ; voilà le mot fatal.

« Où rencontrer le renom ? comment s'accorder sur les talens, les services ? en aucun lieu ! par aucun moyen !

« Il a été fait place nette. Le niveau a passé maintes fois, sur toutes les existences morales et politiques.

« L'espèce s'est vue égalisée et rapetissée à la moyenne mesure.

« D'autant il serait émis de ces pairs là, d'autant la pairie serait abattue, écrasée sous le faix.

. . . .

« Elles n'ont pas été comprises à temps, ces sinistres prédictions.

« *Il n'y a pas loin de la dégradation de la pairie, à la dégradation de la royauté.*» (*La Pairie*, juillet 1827.)

Du même coup, la pairie, la royauté ont été tuées : leur résurrection n'aurait lieu qu'ensemble, jamais à part.

« En attendant, le nom même est à changer. A un sénat usé, la pairie succéda : à une pairie finie, que le sénat soit substitué.

« Et il faut puiser à une autre source. Le trône est trop jeune pour enfanter : il emprunte encore, il ne prête pas déja, la puissance.

« Disons tout :

« Ce qui était, n'étant plus ; ce qui devait être, ne peut plus être.

. . . .

« Le principe de la souveraineté du peuple, installé à titre de dogme absolu, tourne au despotisme, à la tyrannie.

« Essentiellement il est suicide ; accidentellement il devient légicide, liberticide.

« Sous son empire, aujourd'hui dévore hier, et demain dévore aujourd'hui, à n'en laisser ni débris, ni traces.

« L'État ne peut prendre l'aplomb, ne peut

garder l'équilibre que par la lutte de forces bastantes.

« Il faut que l'élément de la pairie ou du sénat
surgisse de la source même d'où jaillit l'élément
de l'autre chambre.

. . . .

« Qu'y a-t-il en France ? Rien qu'une poussière
d'existences éparses, qu'enlève le souffle du vent
et qui s'amoncelle en tourbillon.

« Il manque à fournir des noyaux d'attraction,
à former des centres d'agrégation.

« Le sol et le temps ont tracé les provinces :
les mœurs et les usages ont rallié les provinces.

« L'univers entier en sent le prix, en tire
parti ; et la France les tient en mépris, en défiance.

« Là seulement, réside la liberté civile, la liberté réelle, la liberté générale et permanente.

« De là seulement, dérive la liberté politique,
si souvent offensive, si souvent oppressive.

« Entre les formes républicaines, tout-à-fait
incompatibles, et les formes monarchiques, à
peu près impraticables, se présentent les formes
fédératives.

. . . .

« Qu'on refasse donc les provinces.

« Que les états provinciaux soient nommés par
les cantons ruraux, par les communes urbaines.

« Et qu'ils opèrent le choix sous des formes
solennelles, qu'ils méditent le choix à reprises
lointaines, qu'ils proclament le choix d'une voix

haute et forte, des membres à vie ou à temps, du pouvoir conservateur et modérateur. » (*Des Mots vides de sens*, 1851.)

Sans les provinces, point de pairie, point de monarchie, point de patrie ;

Sans les provinces, point de nation, du moins en ce sens qu'elle ait opinion, volonté, puissance.

Il s'agit non-seulement d'organiser la pairie, mais encore d'organiser la patrie ;

Ou plutôt celle-là, existence accidentelle et secondaire, ne prendra vie qu'après celle-ci, existence première et essentielle ; attendu qu'elle ne peut tirer vie que d'elle.

Au lieu d'un cercle vicieux, c'est un cercle propice : l'un et l'autre de même, irrésistibles, inextricables.

Aussi cela sera, cela se fera : mais peut-être à la suite d'affreuses crises, à travers des désastres de toute sorte :

Le pouvoir manquant à son devoir, le droit l'abandonne et passe du bord opposé, consacre un pouvoir ennemi.

Le fédéralisme de 1793, qui éleva la bannière des temps futurs, n'attend pour reparaître, que l'avènement de causes analogues.

Cette fois, il triompherait, la force centrale ayant diminué, la force centrifuge s'étant accrue.

Car les lumières en se propageant, parviennent à prendre le niveau : et elles fomentent l'union, concentrent les forces, dirigent les actes.

Ainsi donc, enfin donc, la patrie, vain mot encore, sera constituée ou plutôt instituée.

Cela fait, tout est réglé, fini.

Alors, de même qu'à présent, mais par la raison inverse, à peine faut-il parler de la pairie.

La patrie vraiment instituée vit à part de la pairie : au lieu que la pairie constituée au mieux, se meurt à défaut de la patrie.

Cela fait, tout tient, tout dure.

Chose manifeste au rappel de la mémoire! entre les mille et mille torts du long ministère, le suprême délit est encore de n'avoir pas organisé les provinces, de n'avoir pas soufflé le principe de vie aux membres de l'Etat ;

De façon que, frappés d'atonie, privés de tout ressort, au premier coup, ils se sont affaissés, ils ont été abattus.

Chose palpable au regard de l'intelligence ! entre les mille et mille périls du trône nouveau, l'unique voie de salut est d'organiser les provinces, de rendre le mouvement, de donner la force aux membres de l'État.

En sorte que l'impulsion soudainement transmise du centre, cesse d'être servilement accueillie sur tous les points.

C'est si simple à comprendre.

« Ayez des communes, et la patrie apparaît ;

ayez des provinces, et la patrie naît, grandit, domine.

« La nationalité, l'individualité, sont choses essentiellement incompatibles.

« Même des anges, des génies, chacun isolé à part, tous entassés au hasard, seraient impuissans à savoir, incapables de vouloir.

« L'instinct, mobile uniforme, permanent, est encore confiné aux fourmillières : jamais l'intelligence, puissance variable, incertaine, n'y équivaudra.

« Les communes feront les provinces ; les provinces feront la nation.

« Veut-on la justice relative ? il faut que les besoins soient appréciés, que les vœux soient précisés, que les droits soient balancés, enfin qu'il y ait transaction.

« Veut-on la liberté, l'égalité, la souveraineté ? il n'y en a point sans l'indépendance des volontés, sans l'influence des opinions.

« D'autant que Paris aura beaucoup de l'une ou de l'autre, d'autant il y en aura peu pour la France.

« Paris fait usage de ses droits politiques, comme d'une arme à deux fins ; renversant d'un coup le gouvernement, écrasant de l'autre la France même.

« Pendant les crises, maintes fois la révolution y a fait explosion dans les rues, a couvert le sol entier, de ses éclats brûlans.

« Dans l'état de calme, toutes les affaires y sont appelées, toutes les places lui sont attribuées.

« Paris fait masse : la France est brisée, est éparpillée en fragmens, en atomes.

« Il n'y a que douze députés de Paris; il y en a quatre cent vingt de la France : ceux-ci se laissent étourdir par le prestige, éblouir par les faveurs.

« L'ascendant d'une part, l'asservissement de l'autre, sont parvenus à ce terme extrême, qu'à peine le mal se fait sentir, qu'encore la plainte ne s'est guère exhalée.

« On doit entendre que la mesure, appropriée aux plans de 1790, contrarierait les espoirs de 1830.

« Les provinces ont été détruites dans la vue de soumettre la France aux mêmes lois bursales, de la réunir en un corps compact.

« Ainsi l'ordonnait la leçon des temps passés.

« Les temps actuels, si différens dés anciens, dictent une leçon toute contraire.

« L'esprit répulsif des pays d'état amenait des obstacles; l'esprit exclusif de Paris annonce des désastres.

« En prétendant réduire la France à l'unité, on ne s'est pas douté que, sauf le chef-lieu, les diverses contrées ne représenteraient que des zéros. » (*La Loi des Circonstances*, 1830.)

____

(1) Dans un passage le plus remarquable, le plus mémo-

rable qu'il se puisse, le *National* se rapproche fort des vues présentées dans cet écrit, et ouvre des voies appropriées à l'état des choses.

« Si vous réduisiez le cens électoral, si vous renonciez à toute condition d'éligibilité pour la chambre, il y entrerait vraisemblablement beaucoup de gens qui n'y sont pas, et en présence desquels il pourrait être bon de placer un pouvoir modérateur. Une second e chambre héréditaire, formée d'hommes choisis par le roi, sur des listes de candidats assujétis à des conditions d'éligibilité plus élevées, et présentés eux-mêmes par des collèges payant un cens plus fort, une telle chambre pourrait peut-être jouer assez heureusement le rôle de pouvoir modérateur. Elle représenterait la classe de propriétaires la plus élevée, c'est-à-dire la plus disposée dans tous les temps à aller doucement, comme on dit, à appuyer le gouvernement existant : et c'est là tout ce que paraissent demander les partisans de l'hérédité.....................

« Nous sommes convaincus que c'est tout ce qu'il y a à faire ; mais en même temps qu'il est bien inutile de le proposer, et que ceux qui ont peur de la chambre des députés actuelle ne consentiront jamais à se mettre en présence d'une représentation du pays plus complète, plus franche, plus décidée. » (*Le National*, 27 août.)

Parfois, une conception heureuse provient d'un homme seul et se démontre à l'instant.

Au contraire, dans l'exécution, le concours des esprits et l'aide du temps, sont requis.

Certes, voilà ce qu'il y a à faire : mais comment faut-il le faire ?

D'abord, ayant à passer de l'un à l'autre régime, on doit se résoudre à convenir d'un temps de transition, d'un mode de transition.

Il n'est donné qu'au transitoire, de sauver du provisoire : ce qui se fait trop vite, se défait de même.

En France, une douzaine de constitutions en donne la preuve.

La transition semblait impraticable en août 1830: il a fallu se résoudre sur l'heure, à la minute.

Même, cet axiome ne portait point de sens : que rien n'est fait, tant que tout n'est pas fait.

Autrement, on eût écouté les conseils d'un homme, qui étant libéré de remords et restant voué aux regrets de même qu'aux craintes, n'avait pas perdu la force et la justesse d'esprit :

D'abolir le cens quelconque d'éligibilité et d'adjoindre les membres du jury ;

D'effacer l'article relatif aux deux noblesses, et d'annuler la dotation de la pairie ;

Enfin, de sanctionner, en son intégrité, la charte ainsi refondue.

Cela se pouvait ; cela ne se peut plus.

Tant les têtes travaillées adroitement d'un bord et gauchement de l'autre, sont devenues de plus en plus faibles, sont arrivées à croire tout, à ne rien entendre.

Ainsi, on consolidait le titre de l'hérédité de la pairie ; et mieux encore, on consacrait l'existence des pairs en fonction ; et mieux encore, on conservait la masse des lumières, la méthode des débats de cet illustre corps.

Et maintenant, rien n'est à faire sur le premier point, tout est à faire sur les deux derniers qui se rallient.

La tâche la plus délicate et la plus importante à la fois, consiste à garder ou la totalité ou une forte partie des pairs, à perpétuer par les hommes, l'esprit du corps.

Ainsi, on évitait d'encourir les embarras de la transition ; on s'épargnait de proroger l'état ancien des choses, pour prendre le temps de fonder le nouvel état.

Et maintenant, afin de ne pas établir le provisoire le plus éventuel, il est enjoint de déterminer quelque époque transitoire.

Car ce n'est pas en moins d'une année, que les provinces peuvent être organisées, de manière à choisir les membres, ou les candidats de la pairie.

On doit le dire : un tel travail serait réputé impossible, s'il n'était démontré nécessaire.

Il faut le dire aussi : l'impossibilité resterait positive, si l'impuissance était chargée de l'œuvre.

Il y a une chambre, successivement et progressivement transformée, bien qu'issue d'origine pareille, de 1824 à 1827, de 1827 à 1830, de 1830 à 1831.

Il est indiqué par cela même, ou qu'elle n'est pas l'expression vraie et réelle du pays, ou que l'intention du pays, est inconstante, incertaine.

Et c'est chose claire, que la variation peut s'opérer en sens inverse, après s'être opérée en sens direct.

La chambre doit y prendre garde ! en fondant l'avenir sur son crédit, si le crédit lui manque, l'avenir s'écroule.

Son crédit est d'autant plus exposé à fléchir, à faillir, qu'il en est fait abus.

Or, quel plus grand abus en serait-il fait, que si ses membres installés à titre de juges, dans la cause nationale, allaient se porter comme parties.

Si, non sans faire semblant de prononcer d'après des motifs d'intérêt général, ils allaient rédiger l'arrêt sous la dictée de l'intérêt personnel.

Supposons ceci : l'hérédité des pairs est consacrée, ou leur nomination est laissée à la couronne.

Alors, qu'on bâtisse des phrases ; qu'on retourne des sophismes ; qu'on proteste du désintéressement ; et qu'on cajole, qu'on insulte, qu'on menace tour à tour !

Vains sons ! vains éclats ! il n'est individu, si benin de cœur, ou si niais d'esprit, qui doute à quelle fin, ont été conçus de tels décrets.

Puis, la preuve ne tarde pas à venir ?

Sauf que le cabinet ayant provisoirement gagné la cause sous forme de loi, ne craigne de la perdre en définitive, vis-à-vis l'opinion.

Sauf encore qu'il ne se rende à l'amère leçon, subie par le long ministère ; auquel les collèges, rendirent en retour de sa fournée de pairs affidés, une égale quantité de députés agressifs.

En tout cas, le sentiment est venu, l'idée devient fixe. Et la pairie constituée pour quelque éternité, dit-on, ne survit pas à la puissance éphémère du corps créateur.

Ainsi donc, que les députés s'engagent à n'accepter la nomination de la couronne, qu'au terme d'un an, à partir de la dissolution de la chambre.

Toutefois, un autre soin, un autre besoin, occupe encore, absorbe encore.

Tel ministre existe.

D'abord, la majorité lui portait estime et confiance ; jamais l'opposition n'a laissé de lui marquer des égards.

La question n'est pas s'il plaît ; mais bien si quelque autre plairait mieux.

Qu'on se figure donc A, B, C, ou X, Y, Z,

placé à la tête du conseil? et qu'on imagine ce qui en adviendrait.

Celui-là dure depuis six mois tantôt; celui-ci durerait un mois, deux mois peut-être.

Car les affaires ne sont pas plus réglées, ni les têtes plus rassises.

Car en entrant au pouvoir, le pouvoir saisit et s'approprie l'homme.

Car un fort étant renversé, un faible ne tarde pas à l'être.

Car autant il y a de chutes, autant il y a de tentatives.

On verrait renaître 1790 et 1791, où le laps d'une semaine était le terme moyen.

Et que dirait, que ferait l'Europe?

Il n'y a pas à s'arrêter sur ce sujet: au for intérieur chacun pense ainsi, au moins quant à tout autre que lui-même.

Il n'y a pas à s'adresser à la chambre: sauf en quelque accès de colère, l'effroi viendrait à la prendre, au bruit du changement de cabinet.

C'est au ministre que vont les paroles.

Qu'il laisse aller les débats, les décrets au sujet de la pairie; qu'il ne s'en émeuve nullement.

En droit, c'est le lot de la chambre plutôt que du cabinet; en fait, peu lui importe, et peu nous importe aussi.

Qu'est-ce donc que la pairie, soit en influence, soit en durée, alors qu'elle n'est pas implantée dans les entrailles du pays?

Qu'est-ce qu'une telle question, en présence de la guerre, de la peste, de la famine, l'une et l'autre menaçantes, l'une ou l'autre imminente.

Qu'est-ce que toute question politique, auprès des chances vivement accélérées de la dissolution de l'ordre social?

Puis, en un siècle où nulles choses ne tiennent, peut-être tout dépend d'un homme : pour peu que le sort, aussi bien que le mérite, l'ait installé au faîte.

Puis, dans les crises, l'homme n'est que porte-drapeau : et le drapeau s'abat dans sa chute; et le drapeau opposé s'élève.

Or qui saurait, qui dirait les suites?

Certes, non pas ceux qui agitent à tour de bras le périlleux drapeau, dont le poids les entraîne d'abord, les écrase bientôt.

Finalement, pour un ministre, il ne s'agit pas de son être propre, mais de l'être social.

Au besoin, qu'il se rende victime, qu'il se fasse martyr !

Mais, qu'il ne bouge !

POST-SCRIPTUM.

L'exposé des motifs est apparu : vrai modèle du bien parler et du bien penser ; sauf qu'une notion fautive prédomine.

L'homme d'État a la noblesse de ne point renier sa profonde conviction : il a la sagesse de ne point braver l'opinion indomptable.

Il fait la part du juste et de l'utile (comme il l'entend), et du possible (tel qu'il le conçoit) ; disant avec toute loyauté : je voudrais convaincre ; je ne pourrais contraindre ; je dois remontrer, puis me soumettre.

A peine l'occasion s'offre, qu'il éclate un orage de diatribes.

Qu'est-ce à dire, sinon que tout jugement, tout sentiment se sont évanouis, ont délaissé les terres de France ?

Tant l'action perturbatrice des journaux, aggravée par le monopole provenant des charges fiscales, a travaillé sans relâche, a réussi par delà mesure.

Qu'y a-t-il à faire, sinon de mépriser le vain bruit, et de ne pas déserter son poste : d'autant que tout survenant serait traité de même, que nul remplaçant ne tiendrait mieux.

Réflexion capitale, décisive !

En même temps, s'allume un feu nourri de sophismes,

dont la quintescence est rendue en ces termes dans les *Débats* du 30 août :

Pour renforcer et soutenir la monarchie, il faut *un corps puissant, un support solide.*

Qui donc doute de cet axiôme ? qui donc résiste à l'évidence ?

Certes, il le faut : d'abord en point de droit, surtout en point de fait.

Il le faut : toutefois si cela se peut, et comme cela se peut.

Ici gît l'erreur.

C'est l'A B C de la politique, qu'on ne fait pas de la puissance à la parole, qu'on ne fait pas de la durée en un clin d'œil.

Or le corps, au lieu d'être puissant à l'effet de renforcer, ne sera-t-il pas impuissant, impotent même, au point d'affaiblir ?

Le support approprié à soutenir au cas qu'il soit solide, ne sera-t-il pas prédestiné à ébranler, pour peu qu'il soit vacillant lui-même ?

Il manque à savoir, si le corps restera puissant, si le support deviendra solide ; alors qu'ils ne sont armés d'aucune force matérielle, qu'ils sont dépouillés de tout ascendant moral.

Mais que sert de se jeter dans cette recherche ? Les *Débats* ont la complaisance de donner le mot de l'énigme.

« Il est bon d'offrir à l'ambition un but légitime, qui la satisfasse et qui la restreigne en même temps. Si la société n'est pas assez prudente pour faire d'avance sa part, au génie ambitieux, il ne sait que trop bien

se la faire aux dépens de la constitution de l'Etat »
Avis important ! avis tardif !... pour le salut de
l'antique dynastie.

Versailles, 30 août.

A. PIHAN DELAFOREST,
IMPRIMEUR DE LA COUR DE CASSATION,
rue des Noyers, n° 37.